SACA PARTIDO DEL TEST MYERS-BRIGGS

Las claves para usar el indicador MBTI de forma eficaz

Por Benjamin Fléron

Traducido por Laura Bernal Martín

Coaching en50MINUTOS.es

LAS CLAVES PARA EL ÉXITO

www.en50minutos.es

¿CÓMO UTILIZAR EL TEST MYERS-BRIGGS?

- **¿Problemática?** ¿Cómo sentirte realizado en el ámbito profesional identificando tus rasgos de personalidad gracias al test Myers-Briggs?
- **¿Utilidad?** El test Myers-Briggs (o MBTI, por sus siglas en inglés) puede ayudarte a orientar correctamente tu carrera, a rodearte de los trabajadores adecuados y a mejorar tu comunicación y tus relaciones laborales.
- **¿Contexto profesional?** Relaciones profesionales, recursos humanos, gestión de carrera, desarrollo personal, cultura de empresa, trabajo en grupo.
- **¿Preguntas frecuentes?**
    - No me siento realizado profesionalmente. ¿El MBTI puede ayudarme?
    - Mi estilo de gestión no funciona con todos mis empleados. ¿Cómo puedo beneficiarme del MBTI para adaptar mi liderazgo?
    - No me reconozco en el perfil psicológico que me ha atribuido el MBTI, ¿tengo que preocuparme?
    - Soy reclutador y no logro escoger entre dos candidatos. ¿Puedo contar con el MBTI para resolver el problema?
    - ¿El resultado obtenido es definitivo o puede evolucionar con el tiempo?
    - Me gusta mi trabajo, pero mi perfil psicológico indica que no es el que me corresponde. ¿Tengo que cambiar de puesto?

En un mundo profesional cada vez más competitivo en el

que los solicitantes de empleo superan en número los puestos que hay que cubrir y en el que la presión para obtener resultados nunca ha sido tan fuerte, ya no está permitido equivocarse. En efecto, tanto para los empleadores que quieren encontrar el candidato perfecto como para los trabajadores que buscan su puesto ideal, equivocarse en la elección durante el proceso de contratación o en la manera en que se orienta la carrera puede resultar desastroso. ¿Y si el MBTI pudiese contribuir a reducir este riesgo?

El MBTI cuenta con cerca de dos millones de usuarios anuales y, de esta manera, lidera el *ranking* de los test psicológicos más populares del mundo. El objetivo del test Myers-Briggs, que se presenta bajo la forma de un simple cuestionario de 88 preguntas, es identificar los modos de funcionamiento preferentes de las personas. Una vez completado el formulario, a cada participante se le atribuye un perfil psicológico de entre los 16 que reconoce el MBTI, cada uno de los cuales corresponde a una forma distinta de percibir el mundo y de enfrentarse a los acontecimientos del día a día.

Son muchas las personas que realizan este test llevadas por la simple curiosidad, ya sea porque quieren comprobar la exactitud del juicio emitido o, sencillamente, para aprender a conocerse mejor. No obstante, el MBTI está lejos de limitarse a la esfera privada, puesto que también se utiliza regularmente en el medio laboral: un reclutador incapaz de decidirse entre dos candidatos; un jefe que se pregunta cómo mejorar su liderazgo; un trabajador que se encuentra en una encrucijada y que no está seguro de comenzar a trabajar como autónomo; incluso un futuro estudiante al que la idea de elegir la carrera equivocada le quita el sueño. Un gran número de personas distintas que, sin embargo, coinciden en un punto: todos son usuarios potenciales del MBTI. Pero ¿qué es eso tan especial que nos ofrece el test? Este libro te permitirá descubrir todos los secretos de este test mundialmente conocido.

EL ABECÉ DEL USO DEL MBTI

Del aporte de Jung...

Todo comienza a principios de los años veinte, cuando el psiquiatra suizo Carl Gustav Jung (1875-1961) conceptualiza su teoría de los tipos psicológicos en su obra de referencia, *Tipos psicológicos* (1921). En ella, adelanta la idea de que el comportamiento de todo ser humano depende de la forma en que interpreta los acontecimientos que ocurren en su vida y las situaciones que se le presentan. Esta tabla de lectura se organiza en torno a tres ejes divididos en dos polos opuestos:

- el origen de nuestra fuente de energía y nuestro dinamismo entre la Extraversión (**E**) y la Introversión (**I**);
- nuestra manera de procesar información entre nuestra iNtuición (**N**) y la Sensación (**S**);
- nuestra forma de tomar decisiones entre el Pensamiento (**T**, del inglés *Thinking*) y el Sentimiento (**F**, del inglés *Feeling*).

... a la creación del MBTI

Más adelante, en 1943 e inspirándose en el concepto establecido por Jung, las estadounidenses Katherine Cook Briggs (1875-1968) e Isabel Briggs Myers (1897-1980), madre e hija respectivamente, ultiman la primera versión del Myers-Briggs Type Indicator, más conocido por sus siglas MBTI. Retoman las preferencias de Jung e identifican un cuarto eje, el Juicio (**J**) frente a la Percepción (**P**), que define nuestra forma de actuar. De este modo, nuestra personalidad y nuestro funcionamiento dependerían de nuestra preferencia (hablamos de tendencia natural y no de elección consciente) por una de las dos respuestas posibles a estas preguntas fundamentales.

Las cuatro preferencias

¿Cuál es la fuente de tu energía?	
Te alimentas del mundo exterior y sacas tu energía de la acción, de tus experiencias y de tus relaciones con los demás. Eres **Extrovertido (E)**.	En cambio, si prefieres reflexionar a actuar y extraes la energía de tu mundo interior, el de las ideas, los recuerdos y los conceptos teóricos, eres **Introvertido (I)**.
¿Cómo procesas la información?	
Si eres más bien pragmático, te inclinas hacia lo concreto y hacia los hechos directamente observables, entonces, según Jung, estás orientado a la **Sensación (S)**.	Por el contrario, si le das más importancia a lo abstracto, y te interesan más las relaciones entre las cosas que los datos reales, entonces estás orientado a la i**N**tuición (**N**).
¿Cómo tomas tus decisiones?	
Si actúas con la cabeza y prefieres analizar objetiva y racionalmente las situaciones a las que te enfrentas, observando los hechos y los elementos empíricos, entonces correspondes al tipo **Pensamiento** (**T**, del inglés *Thinking*).	A la inversa, si te dejas guiar por tu corazón y pones a tus sentimientos por delante de todo lo demás, juzgando los hechos en función de lo que sientes y de tu código personal de valores, entonces perteneces al tipo **Sentimiento** (**F**, del inglés *Feeling*).
¿Cómo te enfrentas al mundo exterior?	
Si siempre mantienes el control y planificas hasta el menor de los detalles, si te gusta organizar y estructurar las cosas, entonces tiendes al **Juicio (J)**.	Si vives con serenidad, eres flexible y te adaptas a las situaciones, tu modo de acción preferido es la **Percepción (P)**.

EL DESCUBRIMIENTO DE LOS DIECISÉIS PERFILES

Al conocer tus cuatro preferencias obtendrás tu perfil psicológico. El MBTI combina esas preferencias dando lugar a dieciséis perfiles diferentes.

Los dieciséis perfiles

ISTJ El autónomo pragmático	ISFJ El protector entregado	INFJ El diplomático humanista	INTJ El arquitecto perfeccionista
ISTP El manitas curioso	ISFP El artista innovador	INFP El poeta idealista	INTP El lógico inventivo
ESTP El emprendedor apasionado	ESFP El entretenedor público	ENFP El seductor sensible	ENTP El inventor visionario
ESTJ El que agrupa eficaz	ESFJ El popular atento	ENFJ El profesor inspirador	ENTJ El líder carismático

Cuando conozcas tu tipo de personalidad, te verás atribuidos cualidades y defectos, puntos fuertes y puntos débiles (llamados respectivamente «zonas de confort» y «zonas de esfuerzo»), estilos de funcionamiento preferenciales y rasgos de carácter primarios o secundarios relacionados con tu perfil. Por último, se te aconsejarán ciertos sectores de actividad que se corresponden con tus capacidades y con tus tendencias naturales.

Para ofrecerte un anticipo de las distintas características

que se le atribuyen a cada uno de los dieciséis perfiles, te proponemos a continuación unas breves descripciones que no pretenden ser exhaustivas y que solo presentamos a título informativo. En efecto, el análisis de los perfiles es, en realidad, mucho más complejo. Además, la sola lectura de estas descripciones no basta para identificar tu perfil: solo el test puede lograrlo.

- El **ISTJ** se toma sus responsabilidades y sus deberes muy en serio. Está a la escucha de los demás, acepta bien las críticas constructivas y puede gestionar situaciones de conflicto. Sin embargo, tiene tendencia a creer que siempre tiene razón, le cuesta mostrar empatía o afecto y, por ello, puede parecer rígido.
- El **ISTP** es poco sentimental, pero tiene un don para analizar situaciones, se interesa por el funcionamiento de las cosas, le gusta aprender a utilizar nuevas herramientas técnicas o tecnológicas y está más orientado a los resultados que a la teoría. Se aburre con facilidad y necesita acción.
- El **ISFJ** es amable y amistoso. Le gusta ayudar y complacer a los demás, y por ello corre el riesgo de no prestar suficiente atención a sus propias necesidades. También posee excelentes capacidades organizativas. En cambio, acepta mal las críticas, huye de los conflictos y le cuesta decir «no».
- Sensible a lo que le rodea, el **ISFP** demuestra generalmente una gran empatía, que expresa a través de actos concretos. Para él, sus valores personales son importantes: respeta aquello con lo que se compromete y busca construir relaciones duraderas con los demás. Aunque

parece optimista y tranquilo, a veces le falta confianza en sí mismo y no le gusta demasiado expresarse en público. Tiende a vivir en el presente más que a proyectarse en el futuro.

- El **INTJ** es descrito como un intelectual analítico capaz de poner en práctica las estrategias que habrá elaborado cuidadosamente. Pragmático y seguro, suele ser un buen líder, aunque a veces es demasiado individualista. Se muestra impasible ante conflictos y críticas, a los que responderá con una argumentación lógica. Así, ve sus relaciones desde el punto de vista racional antes que desde el lado afectivo. Es leal con sus amigos, pero le cuesta expresar sus emociones.
- El **INTP** es curioso, le gusta aprender y suele tener ideas originales, pero no se sentirá muy cómodo a la hora de realizarlas. Privilegia así un análisis lógico de las situaciones y valora la experiencia más que el aprendizaje directo en el terreno. Tiene un carácter autónomo y prefiere trabajar solo, ya que no siempre se siente cómodo en grupo. En este sentido, puede parecer frío e incluso, a veces, puede hacer daño a los demás con sus críticas.
- El **INFJ** es tranquilo, diplomático, atento y le preocupa cómo se sienten los que le rodean. Busca constantemente que sus relaciones estén en buen estado, se mostrará reservado si hay tensiones y no dudará en esquivar los conflictos. Es muy exigente con los demás y consigo mismo, y le cuesta aceptar las críticas.
- El **INFP** le da una gran importancia a los demás y puede convertirse en un gran apoyo para los que le rodean. Comprende y respeta la libertad y la individualidad de los demás. Es flexible y se adapta con facilidad a un nuevo

ambiente. Sin embargo, su lado tímido y reservado puede hacer que sea difícil acceder a él, ya que no le gusta que se invada su espacio privado.

- El **ESTJ** es optimista, amigable y de confianza. Prefiere solucionar los conflictos en vez de huir de ellos. Siente la necesidad de dirigir y se toma sus compromisos muy en serio. Aprecia el trabajo en equipo, pero puede mostrarse impaciente y falto de tacto contra aquellos a los que considera ineficaces y negligentes.
- Al **ESTP** le gusta tomar riesgos (calculados). Vive en el presente y en la acción y está abierto a las posibilidades que se le ofrezcan. Es sociable y sabe convencer, por lo que sabe vender sus ideas y sabe venderse a sí mismo, pero le falta visión a largo plazo y estabilidad en sus compromisos.
- El **ESFJ** se concentra esencialmente en su mundo exterior. Es amable, amistoso, suele ser popular y se interesa por el bienestar de los demás y por lo que piensan de él. Aunque es generoso, espera un cierto reconocimiento a cambio y necesita mucho afecto. Le da miedo el cambio y se siente más seguro en un ambiente conocido.
- El **ESFP** es espontáneo y a veces impulsivo. Vive en el presente y le gusta experimentar cosas nuevas. Es amable y se siente a gusto en las relaciones interpersonales. Es un gran observador. Sin embargo, a menudo le falta severidad, sobre todo en la realización de tareas cotidianas que no le interesan.
- El **ENTJ** tiene una tendencia natural a dirigir. Dado que quiere tomar las decisiones importantes, a menudo se coloca en el lugar del líder. Es motivado, dinámico, seguro y demuestra una gran voluntad. En su relación con los

demás, a veces se revela intolerante y poco atento a sus necesidades.

- El **ENTP**, abierto al mundo, experimenta el constante deseo de entenderlo todo, de aprender y de innovar. Se le da bien analizar a la gente y, por consiguiente, desarrollar relaciones. Le gusta hacer las cosas a su manera, y a veces puede mostrarse frío, brusco y maleducado.
- El **ENFJ** posee grandes competencias relacionales: entiende a los demás y les ayuda a dar lo mejor de sí mismos. Su lado leal y amistoso puede llevarle a ser asfixiante y sobreprotector. Es muy sensible a los conflictos, que intenta evitar siempre que es posible.
- El **ENFP** es optimista, espontáneo y creativo. Está hecho para los cambios, y la rutina le aburre enseguida. También es capaz de anticiparse y responder a las necesidades de su entorno, que desempeña un papel importante en su bienestar.

Si deseas saber más sobre los diferentes perfiles, existen fascículos recapitulativos que presentan detalladamente las características de cada uno de los dieciséis perfiles que se pueden comprar en la página web de OPP, el editor europeo del MBTI, haciendo clic sobre el siguiente enlace: https://www.opp.com/en-IE/tools/MBTI/MBTI-materials (en inglés). Si no quieres llevarte la mano al bolsillo puedes recurrir a algunas páginas web que proponen este servicio de manera gratuita, aunque su precio es bien distinto: al no estar acreditadas por el organismo oficial, no ofrecen ninguna garantía en cuanto a la fiabilidad de sus informaciones. Por lo tanto, sé prudente.

En caso de que quieras convertirte en un profesional acreditado, la única consultora en España que puede expedir el certificado es el Instituto de Liderazgo (ILD).

LAS APLICACIONES CONCRETAS EN EL ENTORNO PROFESIONAL

Siempre hay razones por las que debe interesarte el MBTI, independientemente de que aún seas estudiante o de que seas un trabajador, reclutador o solicitante de empleo, mánager de una gran empresa o jefe de una pequeña pyme.

- **Orientar tu carrera o tus estudios**. A la hora de comenzar estudios superiores, muchos jóvenes se hacen preguntas, dudan y acaban eligiendo el camino equivocado. Aunque el MBTI, evidentemente, no es un «seguro a todo riesgo», puede ayudar a los estudiantes sugiriéndoles sectores profesionales en los que podrían sentirse realizados teniendo en cuenta su personalidad. No es casualidad que los orientadores profesionales recurran cada vez más a esta herramienta para apoyar a los adolescentes. En este mismo sentido, los trabajadores que no se sienten en su lugar en su puesto de trabajo y que experimentan la desagradable sensación de haberse equivocado de carrera profesional también pueden encontrar vías de reconversión a través de este medio. Así, a un joven con el perfil ENFJ se le recomendará dedicarse a la enseñanza o a las ciencias políticas cuando tenga que decantarse por una carrera. Los ENFJ, carismáticos, apasionados y altruistas, parecen ser los perfectos modelos a seguir. Inspiran respeto y admiración, y son excelentes comunicadores

—unas cualidades que encontramos tanto entre los mejores profesores como entre los grandes políticos—. Tanto Barack Obama (44.º presidente de Estados Unidos, nacido en 1961) como Ronald Reagan (40.º presidente de Estados Unidos, 1911-2004) y François Mitterrand (21.º presidente francés, 1916-1996) corresponden al perfil ENFJ.

- **Seleccionar al buen candidato**. En un momento en que cada anuncio de un puesto vacante desata una oleada de candidaturas, no siempre es sencillo elegir a la persona adecuada. A veces, en términos de competencias técnicas, los candidatos están más que cualificados para desempeñar el trabajo deseado, pero ¿qué pasa con su personalidad? ¿Se corresponde con la imagen de la empresa? ¿Responde al puesto disponible? Es difícil obtener certezas después de una simple entrevista. Al pedirle a los candidatos realizar el MBTI, los reclutadores tienen más posibilidades de quedarse con el empleado adecuado.

- **Adaptar la comunicación y la gestión en función de los trabajadores**. Dos individuos distintos no reaccionarán igual ante un mismo comentario. Así, mientras que unos apreciarán la llamada de atención y en el futuro darán lo mejor de sí mismos, otros se cerrarán a cal y canto y se mostrarán totalmente improductivos e ineficaces tras un reproche demasiado insistente. Al pedirle a tus trabajadores que entren en el juego del test de Myers-Briggs, podrás identificar con más facilidad la manera de funcionar de cada uno. De esta forma, aprenderás a adaptar tu método de gestión a tu interlocutor con el fin de explotar todo su potencial.

- **Desarrollar la cohesión de equipo**. ¿Ya te has fijado en que algunas personas no logran trabajar eficazmente en grupo, mientras que otras se complementan a la perfección? Personas con personalidades encontradas pueden experimentar dificultades a la hora de producir un trabajo de calidad si tienen que trabajar codo a codo diariamente; en cambio, otras presentan personalidades complementarias que les permiten explotar al máximo sus respectivas cualidades. Al aprender a conocer los diferentes perfiles MBTI de tus empleados, pondrás punto final a las asociaciones infructuosas y tendrás en tus manos los medios para formar equipos eficaces y productivos. De esta forma, una persona muy emocional ya no tendrá que transigir con la franqueza de colegas insensibles, y otra, más capacitada para elaborar planes de acción pero con dificultades a la hora de ponerlos en práctica, podrá contar con un compañero al que eso se le dé mejor.

LOS LÍMITES DEL SISTEMA

Emplear el MBTI en una óptica profesional puede parecer lógico desde muchos puntos de vista. No obstante, es importante ser consciente de los límites del método, que no es infalible y tiene defectos. A muchos miembros de la comunidad científica, de hecho, no les tiembla la voz a la hora de señalarlos. Así, en su estudio titulado *Testons les tests!* («¡Testemos los test!»), la Neoma Business School (Francia) cuestiona la influencia de la personalidad en el comportamiento en el trabajo, que a fin de cuentas dependería sobre todo del contexto. Por su parte, el periodista científico estadounidense Joseph Stromberg no defiende precisamente el MBTI en su artículo *Why the Myers-Briggs Test is totally meaningless* («Por qué el MBTI no tiene ningún sentido»), en el que señala las pocas investigaciones serias realizadas sobre el tema, la simpleza que reduce las opciones de respuesta a blanco o negro y no deja lugar a matices o la versatilidad de sus resultados, que pueden variar de una semana a otra.

- **Las condiciones en las que el individuo realiza el MBTI pueden influir en sus respuestas**. Un solicitante de empleo que hace el test porque un reclutador se lo ha pedido expresamente no estará, evidentemente, en las condiciones más adecuadas para responder a las preguntas. El estrés inherente a este tipo de situación, el miedo a responder «lo que no es», las ganas de agradar a los reclutadores, etc., son elementos susceptibles de influir en los resultados finales y, por tanto, de llevar a un análisis de perfiles erróneo.
- **La posibilidad de no responder a algunas preguntas puede falsificar los resultados**. Aunque se recomienda responder en la medida de lo posible a las 88 preguntas que conforman el test, se permite dejar algunas en blanco cuando ninguna de las opciones propuestas te parece adecuada. Sin embargo, un número demasiado elevado de omisiones llevará a un análisis no concluyente, basado en demasiados pocos elementos concretos.
- **El ser humano es plural y complejo por definición**. Los distintos tipos de personalidad propuestos por el MBTI son claves de lectura susceptibles a ayudarnos a conocernos mejor y a descubrir nuestro modo de funcionamiento principal. Sin embargo, es importante recordar que, por

naturaleza, el ser humano es múltiple y está en constante cambio, y que su forma de interpretar las cosas y de interaccionar con ellas no será necesariamente la misma de un día para otro. Así pues, existen varios factores externos que pueden influir puntualmente en nuestros actos y en nuestra percepción de los acontecimientos: habértelo pasado muy bien la tarde anterior, estrés, enfermedad, pérdida de un ser querido, despido, etc.

- **Aún no se ha demostrado la validez científica del MBTI**. Aunque se presenta como un test psicológico, es importante destacar que ni Katherine Cook Briggs ni Isabel Briggs Myers tienen formación en el ámbito de la psicología. Además, el concepto junguiano de los perfiles psicológicos se elaboró en una época en que la disciplina aún no se consideraba una ciencia empírica que necesitara experiencias objetivas y verificables. De esta forma, las teorías de Jung se basaban más en una serie de reflexiones personales que en datos científicos concretos.

- **El precio del MBTI puede considerarse alto**. Internet está lleno de páginas web que proponen su versión gratuita del MBTI. Sin embargo, la única versión de confianza se encuentra en la página de OPP y no es de libre acceso. Si quieres realizar una formación que te cualifique para convertirte en un experto certificado, seguir un seminario de aplicación del MBTI o, simplemente, hacerte con los cuestionarios, tablas de respuesta, perfiles individuales o recursos complementarios, tendrás que llevarte la mano al bolsillo.

LOS MEJORES CONSEJOS

- **No olvides que no existen perfiles de personalidad buenos o malos**. No tienes más o menos posibilidades en la vida por ser INTP, ENFJ o ISTJ que una persona que haya obtenido otro resultado. No te machaques inútilmente. Cada perfil tiene sus puntos fuertes y débiles, sus bazas explotables y sus puntos de mejora. De esta manera, según el MBTI, a los ENFP puede costarles mantener su concentración intacta durante mucho tiempo cuando se enfrenten a una tarea larga y rutinaria. En cambio, suelen ser excelentes comunicadores y tienen una gran intuición.

- **Sé consciente de los límites del modelo**. Si tus resultados indican que eres INTJ, eso no significa que tu personalidad esté en perfecta armonía con este perfil. Somos más de siete mil millones de seres humanos procedentes de todos los horizontes y con distintas experiencias. Por ello, parece impensable que todos nos veamos enteramente reflejados en alguno de estos dieciséis perfiles establecidos por Myers y Briggs. Tampoco te sorprendas si no te reconoces en uno de los puntos que señala tu perfil. Simplemente, pregúntate si es posible que te hayas equivocado, interroga a los que te rodean para escuchar su opinión si es necesario, y si sigues sin estar convencido, confía en ti: eres la persona mejor posicionada para saber exactamente quién eres. El MBTI no es más que una ayuda para comprenderse, pero no detenta la verdad absoluta.

- **Sé lo más honesto posible en tus respuestas**. Para que la experiencia pueda ser beneficiosa y concluyente, es imperativo que respondas sin hacer trampas en función de quien piensas que eres realmente y no de lo que desearías ser, o incluso de lo que crees que se corresponde a las expectativas de los eventuales reclutadores. No existen perfiles mejores que otros, así que sé tú mismo y asúmete.

- **No vaciles antes de responder**. Probablemente, a lo largo del test tengas dudas entre dos respuestas que te parecen aceptables. No dudes demasiado tiempo y elige simplemente la primera que te venga a la mente, la que te parezca más natural. Y si no logras decidirte, ¡no respondas! Al menos intenta no pasar palabra en demasiadas preguntas, porque sin ellas el número de elementos para realizar un perfil fiable y válido será demasiado bajo.
- **Prohíbe las versiones poco serias y no oficiales**. Existen muchas páginas en internet que proponen el test MBTI gratuito, pero por lo general son versiones poco fiables. Tanto en Francia como en Bélgica, el editor oficial del MBTI es OPP, por lo que no dejes que se aprovechen de ti con test falsos o formadores MBTI no certificados. Para que tus resultados sean válidos y dignos de confianza, privilegia la versión oficial realizada por expertos certificados. En España, el IDL es la única consultora que puede certificar y acreditar a profesionales para la utilización de los test Myers-Briggs.
- **No presentes el MBTI como un test, sino como un cuestionario o un indicador**. Si tienes la intención de probar el MBTI en tus empleados o candidatos a un puesto, procura que no tengan la sensación de que están haciendo un examen y que se les calificará, porque esto contribuiría a distorsionar los resultados. El estrés, el

miedo a equivocarse o la paranoia al imaginar intenciones ocultas tras cada pregunta serían elementos susceptibles de comprometer la fiabilidad de los perfiles. Por lo tanto, es primordial crear un clima favorable para que los candidatos se encuentren en las mejores condiciones posibles.

- **Recuerda que las personalidades tienen más matices de lo que parece**. El que tu empleado entre dentro del perfil ISFP no quiere decir necesariamente que posea todos los rasgos de carácter inherentes a este tipo de personalidad, o que por ello no presente características que se le atribuyen más bien a los INFP o a los ESFP. La frontera entre dos tipos de personalidad a veces no está clara y el resultado puede depender de una respuesta dudosa a una pregunta poco clara. Por tanto, evita cualquier juicio rápido basado en estas cuatro letras que apenas dejan lugar al matiz, y dale al menos la misma importancia a los porcentajes que se indican en los otros perfiles.

PREGUNTAS FRECUENTES

NO ME SIENTO REALIZADO PROFESIONAL-MENTE. ¿EL MBTI PUEDE AYUDARME?

El MBTI puede servirte de ayuda de muchas maneras distintas. En función del perfil psicológico que se te atribuya al final del test, se te propondrán una serie de sectores profesionales en los que alguien con una personalidad como la tuya podría sentirse realizado. Así, los INFP, conocidos por tener alma de artistas, se verán a menudo orientados hacia profesiones en los que la creatividad es importante: escritor, periodista, músico, diseñador gráfico, etc.

Si el problema es más bien relacional porque te gusta tu trabajo pero no logras entenderte con algunos de tus colegas, el MBTI te permitirá acotar mejor los mecanismos internos susceptibles de construir un muro entre tú y estos. Lógicamente, cuando hayas identificado estos problemas, será más fácil resolverlos. Así, si presentas un tipo de personalidad conocida por su exagerada sensibilidad, no es sorprendente que te cueste entenderte con tus colegas más directos y distantes. Ser consciente de esto te ayudará a arreglar las cosas con ellos.

MI ESTILO DE GESTIÓN NO FUNCIONA CON TODOS MIS EMPLEADOS. ¿CÓMO PUEDO BENEFICIARME DEL MBTI PARA ADAPTAR MI LIDERAZGO?

Quien dice empleados diferentes dice personalidades distintas y, por tanto, diversos modos de funcionamiento. Por consiguiente, no tiene que sorprenderte que no logres los resultados esperados si no adaptas tu estilo de gestión dependiendo de tu interlocutor. Al tomar consciencia de los modos de comportamiento de todos tus empelados, descubrirás cómo ajustar tu comunicación a cada uno de ellos para transmitir tus mensajes con delicadeza y sin hacer daño.

Así pues, no le hablamos igual a un ENTP que a un ISFJ. El primero, especialista en cuestionarlo todo, disfruta de conversaciones con ideas apasionadas y no le gusta nada que nos vayamos por las ramas cuando tenemos que decirle algo. Muéstrate franco con él, porque no espera que se le trate con indulgencia, ya que él tampoco lo hace cuando tiene que expresarse. Por su parte, a un ISFJ suele costarle valorarse, y no es raro que una personalidad más afianzada se lleve todos los méritos que deberían habérsele atribuido a él. Sin embargo, aunque nunca se enorgullece de la calidad de su trabajo, eso no significa que no quiera que se lo reconozcan en su justo valor. Por tanto, para que pueda dar lo mejor de sí mismo, es primordial que comprenda que sus esfuerzos no pasan desapercibidos y que se aprecian mucho. De este modo, al aprender a transigir con las personalidades de tus empleados, tú ganarás liderazgo y ellos productividad.

NO ME RECONOZCO EN EL PERFIL PSICO-LÓGICO QUE ME HA ATRIBUIDO EL MBTI, ¿TENGO QUE PREOCUPARME?

Tranquilo, existen varias explicaciones:

- no has realizado el test en condiciones óptimas, y estabas estresado por un tema profesional, como la posibilidad de que te contrataran, o alterado por algún acontecimiento (fallecimiento, enfermedad, etc.);
- como no siempre sabías qué opción elegir, no has respondido al número de preguntas necesario para obtener suficientes datos pertinentes, por lo que los resultados son poco fiables;
- como todo ser humano, posees una personalidad compleja y ambigua, y a menudo cambiante. Por tanto, no interpretas un mismo tipo de acontecimiento y de situación de la misma manera día tras día, como si fueras un robot. De la misma forma que los elementos externos y puntuales pueden influir en tus respuestas a lo largo del test, también pueden desempeñar un papel sobre tu comportamiento en un momento dado e impulsarte a actuar de manera distinta. Nunca olvides que es impensable que siete mil millones de seres humanos sean perfectamente categorizables;
- aunque se emplee en todo el mundo y se reconozca internacionalmente, el MBTI carece de valor científico. Los distintos perfiles psicológicos propuestos proceden más bien de reflexiones y de observaciones personales de Jung, Briggs y Myers que de experiencias científicas empíricas y objetivas. Por tanto, no existe ningún dato

científico pertinente que permita afirmar después del test que perteneces a uno u otro perfil.

SOY RECLUTADOR Y NO LOGRO ESCOGER ENTRE DOS CANDIDATOS. ¿PUEDO CONTAR CON EL MBTI PARA RESOLVER EL PROBLEMA?

En efecto, el MBTI puede resultar útil en semejante circunstancia. Sea cual sea el puesto que busques cubrir, sin duda buscas al candidato ideal, el que posea no solo las competencias técnicas exigidas sino también una personalidad adaptada a tu equipo y a la cultura de tu empresa. Así, si el cargo requiere un carácter fuerte y una gran resistencia al estrés, elegirás a un candidato que presente estas características. Pero ¿cómo descubrir la personalidad de un individuo en solo unos minutos, sin tener *a fortiori* conocimientos sobre psicología? Es aquí cuando el MBTI hace su entrada, ya que te puede proporcionar información «llave en mano» sobre el carácter de los distintos solicitantes. Lo único que te queda por hacer es quedarte con aquellos cuyo perfil psicológico corresponda a tus expectativas y descartar al resto.

¿EL RESULTADO OBTENIDO ES DEFINITIVO O PUEDE EVOLUCIONAR CON EL TIEMPO?

Evidentemente, tu perfil no está escrito en piedra. Al igual que tu personalidad, puede cambiar en función de las experiencias que vivas, las situaciones que experimentes y las personas a las que conozcas a lo largo de tu vida. Por tanto, piensa en realizar regularmente el test para asegurarte de que tu perfil psicológico no ha evolucionado desde la última vez. Esto te permitirá, si es el caso, saber en qué punto exacto se ha producido un cambio. ¿Puede que ahora seas más extrovertido (E), por ejemplo, o que te apoyes más en tus sentimientos (F) a la hora de tomar decisiones?

ME GUSTA MI TRABAJO, PERO MI PERFIL PSICOLÓGICO INDICA QUE NO ES EL QUE ME CORRESPONDE. ¿TENGO QUE CAMBIAR DE PUESTO?

Tranquilo, no te vuelvas loco diciéndote que puede que te hayas equivocado de trayectoria profesional. Piensa en el MBTI como una herramienta a la que puedes recurrir si no te sientes cómodo en tu puesto, pero aprende a tomar distancia y no le des más importancia de la que se merece. Recuerda que eres la persona más capacitada para saber lo que te conviene y lo que te gusta, así que confía en tu juicio. Además, tu perfil MBTI no es algo de lo que no puedas deshacerte, ya que puede evolucionar con el paso del tiempo. Este test no es fiable al 100 %, y es imposible afirmar con seguridad si estás hecho o no para una profesión determinada.

¡AHORA ES TU TURNO!

Ahora que lo sabes todo sobre el MBTI, tienes todas las herramientas necesarias para utilizarlo bien. Empieza preguntándote si este test puede ayudarte de una u otra manera reflexionando sobre sus diversas utilidades profesionales. Si la respuesta es afirmativa, deja de dudar y lánzate. Sin embargo, recuerda siempre los consejos que te hemos ido ofreciendo para que sus potenciales efectos beneficiosos no pasen de largo.

- De esta forma, si te planteas realizar el test MBTI por necesidad, en una óptica de reconversión profesional, por ejemplo, no olvides que los resultados obtenidos y los sectores de actividad sugeridos no dejan de ser indicaciones, consejos que eres libre de seguir o no.
- Si piensas más bien en emplear esta herramienta con tus empleados o con los candidatos a un puesto vacante en tu empresa, comprométete a rodearte de expertos certificados por el IDL, el único en España que puede acreditar y certificar los cursos sobre el MBTI, para asegurarte de que los resultados son fiables.

Cuando tengas los datos en tus manos, solo queda utilizarlos de la mejor manera posible en función de tus objetivos personales.

- Diriges una pequeña empresa y te planteas utilizar el MBTI como una herramienta para mejorar tu liderazgo y tu comunicación con el objetivo de aumentar la productividad de tus empleados. Utiliza los resultados para adaptar tu discurso y dirígete de manera adecuada a un empleado catalogado como INTJ y a otro clasificado como ESTP.

- Como futuro estudiante con el perfil INTJ, no tienes claro qué trayectoria profesional seguir y dudas entre una carrera científica y una literaria. Para que elegir sea más fácil, aprovecha la lista de profesiones que mejor pueden adecuarse a individuos cuya personalidad es similar a la tuya. Te darás cuenta de que tu perfil es el indicado para profesiones como ingeniero o médico.

PARA IR MÁS ALLÁ

FUENTES BIBLIOGRÁFICAS

- 16 Personalities, "16 types de personnalités". Consultado el 11 de enero de 2017. http://www.16personalities.com/fr/types-de-personnalite
- 16 Types, "Découvrez le MBTI –Indicateur typologique de Myers-Briggs– et ses 16 types de personnalité". Consultado el 11 de enero de 2017. http://www.16-types.fr/index.html
- Assante, Stéphanie. 2012. *Les 16 grands types de personnalité*. Toulouse: Dangles.
- Bounoua, Mélissa. 2014. "Le test de personnalité Myers-Briggs, utilisé dans le monde entier, ne rime à rien". *Slate.fr*. 16 de julio. Consultado el 11 de enero de 2017. http://www.slate.fr/story/89949/ce-test-de-personnalite-utilise-dans-le-monde-entier-qui-ne-rime-rien
- Buzaud, Élodie. 2015. "Avez-vous la personnalité pour faire carrière ?". *CadreEmploi.fr*. 7 de mayo. Consultado el 11 de enero de 2017. http://www.cadremploi.fr/editorial/actualites/actu-emploi/detail/article/avez-vous-la-personnalite-pour-faire-carriere.html
- Cadres Online, "Le MBTI: un test très complet venu des États-Unis". Consultado el 11 de enero de 2017. http://www.cadresonline.com/conseils/coaching/cv-lettres-entretiens/tests-de-recrutement/detail/article/le-mbti-un-test-tres-complet-venu-des-etats-unis.html
- Fauconnier, Flaure. 2006. "Se préparer aux tests de personnalité". *JournalduNet.com*. 12 de julio. Consultado el 11 de enero de 2017. http://www.journaldunet.com/

management/0607/0607143-tests-personnalite.shtml
- Fontaine, Isabelle. 2014. "L'intuition, la personnalité intuitive et le MBTI selon Jung". *Histoired'Intuition.com*. 10 de enero. Consultado el 11 de enero de 2017. http://histoiredintuition.com/2014/01/10/intuition-la-personnalite-intuitive-et-le-test-du-mbti-selon-carl-gustav-jung/
- Jung, Carl Gustav. 1997. *Types psychologiques*. Ginebra: Georg.
- Métamorphoses. "En savoir plus sur le MBTI". Consultado el 22 de septiembre de 2015. http://www.metamorphoses.be/ressources-management-coaching-mbti-ur-67.html
- Neoma Business School. 2014. "Testons les Tests!". Ruán: la Chaire Nouvelles Carrières de la Neoma Business School. Consultado el 11 de enero de 2017. http://chaire.neoma-bs.fr/nouvelles-carrieres/docs/HRI3.pdf
- Quenk, Naomi L. 2009. *Essentials of Myers-Briggs Type Indicator Assessment*. 2.ª ed. Hoboken: Wiley.
- Rodier, Anne. 2014. "Les tests de personnalité comme outils de recrutement sont remis en question". *LeTemps.ch*. 1 de mayo. Consultado el 11 de enero de 2017. http://www.letemps.ch/economie/2014/05/01/tests-personnalite-outils-recrutement-remis-question
- Russel, Géraldine. 2014. "Le juteux business de l'indicateur de personnalité MBTI". *LeFigaro.fr*. 6 de agosto. Consultado el 11 de enero de 2017. http://www.lefigaro.fr/formation/2014/08/06/09006-20140806AR-TFIG00028-le-juteux-business-de-l-indicateur-de-personnalite-mbti.php
- Stromberg, Joseph. 2015. "Why the Myers-Briggs

Test is Totally Meaningless". *Vox.com*. 8 de octubre. Consultado el 11 de enero de 2017. http://www.vox.com/2014/7/15/5881947/myers-briggs-personality-test-meaningless

FUENTES COMPLEMENTARIAS

- Cauvin, Pierre y Geneviève Cailloux. 2008. *Les types de personnalité. Les comprendre et les appliquer avec le MBTI.* París: ESF éditeur.
- Instituto de Liderazgo. Consultado el 11 de enero de 2017. http://institutodeliderazgo.com/
- OPP, distribuidor europeo del *Myers-Briggs Type Indicator* (MBTI). Consultado el 11 de enero de 2017. https://www.opp.com/

Made in the USA
Monee, IL
07 July 2026